AF489824

FINANZAS EN APUROS:

48 CONSEJOS PARA LATINOS EN EE.UU.

FINANZAS EN APUROS:

48 CONSEJOS PARA LATINOS EN EE.UU.

CÉSAR MARINI

Finanzas en apuros:
48 consejos para latinos en EE.UU.
César Marini

Edición
Yesmín Sánchez @sanchezyesmin
Asistente de producción editorial
Wilfran Soto @wilfran_sc
Diseño
Ernesto Cova ejcova@gmail.com
Corrección ortotipográfica
Solange Giner @solginertorres

Primera edición. Diciembre 2020

Quiero agradecer a Dios que me guió y a mi esposa que me acompaña en este camino, donde vamos en una misma dirección, siendo parte y mi apoyo fundamental en este.

A mis 40 años decidí escribir este libro para plasmar lo vivido en este camino de la migración y con ello poder ayudar u orientar de alguna forma a quienes, al igual que yo, decidieron irse de su país y comenzar una nueva vida. Se los dedico a ustedes, hermanos inmigrantes.

Descargo de responsabilidad: Este libro está basado en mi propia experiencia y en las prácticas que a mí me han funcionado en materia de finanzas personales. En ningún momento he pretendido ser asesor financiero por lo que te invito a revisarlo desde esa óptica y hacer tu propia investigación antes de tomar tus decisiones.

Tabla de contenido

CAPÍTULO IV

Ajustando detalles para obtener la recompensa

CAPÍTULO EXTRA

Construcción de bases

CAPÍTULO I

El gasto

1 Psicología detrás del gasto

Voy a comenzar contándote una verdad que no quieres escuchar, la mayoría del tiempo compramos cosas que no necesitamos, y en ocasiones, productos que no queremos. Aunque parezca sesgado y una generalización este comentario, la verdad es que somos presa de nuestras emociones y de las estrategias de las grandes marcas publicitarias.

Aunque años atrás se creía que las decisiones financieras de las personas son racionales, más de 30 años de investigación han demostrado que el ser humano toma decisiones por instinto, y ese animal aplasta al hombre racional.

El escritor estadounidense Hilary Hinton, mejor conocido como Zig Ziglar, dijo una vez "la gente no compra por razones lógicas, compra por razones emocionales", y esto es algo que las compañías de venta y publicidad entienden. Pero, al final del día no sabemos por qué hemos llegado a casa con ropa nueva, un teléfono que no necesitábamos o incluso un carro.

La Universidad de Michigan, a través del laboratorio del profesor Kent Berridge, especialista en psicología y neurociencia, se dedicó a la tarea de entender cómo se comporta el cerebro de las personas al consumir, determinando cuál es el tipo de emociones que experimentan las personas al momento de comprar.

Los hallazgos fueron sorprendentes, existen dos vertientes que se hacen presente en la vida del consumidor, uno asociado a la recompensa y motivación y el otro netamente con el placer.

En el sistema de recompensa y motivación, identificaron nueve motivadores presentes en todas las personas que fueron objeto de estudio, completamente asociados con el deseo de lograr metas personales. Entre los motivadores destacaron, la seguridad, sentido de empoderamiento y logro, además del dominio por algo. Con cada uno de estos indicadores, pudieron determinar que influían directamente en la producción de dopamina en el cerebro.

Por su parte, para el campo asociado al placer, fueron identificados más de 29 motivadores, todos asociados con la producción de oxitocina y endorfinas. Entre las emociones que resaltan está el rejuvenecimiento, la liberación, la excitación sexual, entre otros.

Con esta información, no pretendo aburrirte, solo quiero que comprendas que la mayoría de las veces somos presa de nuestras propias emociones, las mismas que nos llevan a tomar decisiones financieras erradas, solo porque se siente bien gastar y comprar.

El comportamiento del consumidor es tan comprendido por las marcas, que muchas de ellas pagan comisiones a las grandes tiendas por ubicar sus productos en lugares estratégicos, como cerca de caja mientras hacen fila para pagar. O el caso de Disney, que ubica las mejores tiendas en la salida de los parques, porque saben que las personas felices, son más propensas a gastar más.

2 ¿Por qué gastamos dinero en cosas que no se necesitan?

Son muchos los factores que intervienen en este comportamiento, pero uno de los más importantes es el deseo de aparentar o de compararse con los demás.

En inglés existe un término llamado *Keeping up with the Joneses*, es utilizado para hablar sobre uno de los errores financieros más comunes de las personas. Este error consiste en compararse con el vecino, al que hipotéticamente llaman Jones.

Si la familia Jones compra un carro nuevo, en ti se despierta la necesidad de también tenerlo para no quedarte atrás.

Y este comportamiento es el que más rápido lleva a las personas al endeudamiento, pues al pretender un status por encima de sus posibilidades, se manifiesta el deseo de tener un estilo de vida que no se puede cubrir. Este es el tipo de emociones que nos lleva a comprar cosas que no necesitamos o no queremos.

Las grandes compañías saben que todos deseamos mejorar nuestro estilo de vida, queremos ser como las personas de un estrato social más alto que el nuestro, por esta razón nos ofrecen productos que parecen sofisticar nuestra vida, pero a un alto costo. Caemos en la trampa por dejarnos llevar por el estatus que según representa tener ese nuevo producto, sin tomar en cuenta que existen otros que pueden suplir las mismas necesidades por menos dinero. A veces son necesidades inventadas, que realmente no tenemos, pero nos hacen sentir que, si no lo tenemos, no estamos en nada.

Partiendo de este esbozo teórico, por así decirlo, vamos a entrar en materia de lo que nos interesa. Se trata de conocer una serie de consejos y recomendaciones que serán útiles en la vida de las personas que aspiran venir a Estados Unidos y alcanzar el sueño americano

Lo que aquí se escribe no es una regla estricta, más bien es un libro de experiencias, algunas exitosas y otras no tanto, pero que comparto con ustedes para dar un panorama de las decisiones que puedes tomar en materia de finanzas personales, para vivir solvente mientras estás en EE.UU.

3 Haz transbordo a otra línea de tren: resetea el chip a un punto de inmigrante

Uno de los errores comunes de quienes llegan a Estados Unidos es querer continuar con la vida que dejaron en su lugar de origen. Es pensar que, como en mi país yo era ingeniero, economista, abogado o psicólogo, al pisar tierra extranjera todo seguirá igual.

Debes entender que ese paso de emigrar, es como bajarte de un tren en el que llevabas tiempo viajando, para cambiarte a otro que apenas está empezando el viaje a una nueva dirección.

Por eso, aunque suene enredado es la verdad, debe haber un cambio de dirección y un reinicio. Empezar un nuevo camino con una nueva visión, que traerá consigo nuevas paradas, obstáculos que saltar y un nuevo destino que alcanzar.

Una de las premisas que más me ayudó a enfocarme y dar ese cambio de paradigma fue escuchar a Ismael Cala, el famoso presentador de televisión y periodista quien dijo una vez, "tú emigras, pero tu currículo no".

En mi país me decían ingeniero, aquí soy César. En mi país dirigía la construcción de edificios y carreteras, ahora hago repartos a domicilio y en ocasiones, cuando llega la oportunidad, hago trabajos de construcción que es a lo que me he dedicado siempre y lo que sé hacer.

– ¿Y usted pinta? – me preguntan.

– Sí, señora.

– ¿Y usted sabe de sistemas de riego?

– Sí, señora.

– ¿Me llevaría al aeropuerto?

– Con mucho gusto.

Debe haber un nuevo proceso mental que te invite a expandir tus horizontes, salir de tu zona de confort, abrirte a conocer nuevas personas, porque cada una de ellas puede ser la oportunidad que necesitas.

No se trata de desechar lo vivido, todo lo contrario, tenerlo como la experiencia de lo que sabes hacer, de lo que eres capaz.

Pero teniendo la capacidad de adaptarte, asumir nuevos retos, desechar malos hábitos y paralizar ciertas actividades que por el momento no puedes realizar.

Al yo decirle a mi vecina que estaba dispuesto a pintar su fachada, no me estaba rebajando de categoría, como si eso me hiciera menos ingeniero, realmente lo veía como la oportunidad de darme a conocer, quien quita y mañana necesite reparar el techo o hacer una piscina y ella sepa de lo que soy capaz de hacer.

Por ahora sigo haciendo delivery, me esfuerzo por brindar la mejor calidad posible en lo que hago, pero no pierdo la oportunidad de ofrecer mis servicios en las áreas de mi especialidad.

Lo correcto es no cerrarte y decir "solo haré lo que sé hacer", mejor usa cada oportunidad de empleo como un canal que te acercará a aquello que sabes y te gusta hacer.

Además, a diferencia de la mayoría de los países de Latinoamérica, en este nuevo país (EE.UU.) experimentarás cómo el fruto de tu trabajo te recompensa con dinero que realmente alcanza para los gastos, sea en una tienda, de repartidor o de mesonero, el dinero sí alcanza, ¡PERO CUIDADO! alcanza si tienes una buena administración de tus finanzas personales.

Esta cantidad de dinero que ganas, finalmente alcanza para pagar los gastos, pero esta percepción de que ganas lo suficiente puede ser una trampa para hacerte gastar más dinero del que debes, y hará que te comprometas en pagos mensuales que al sumarlos será un monto muy elevado, (gastos hormiga de los que te hablaré más adelante).

Recuerda que debes comenzar a subir las escaleras otra vez, migrar no es fácil pero tampoco debe ser un proceso doloroso, ni sentir que es una tragedia.

Al principio hay que trabajar duro y constante, si lo haces y mantienes una disciplina en los gastos tendrás éxito y antes de lo que piensas serás un migrante con mucho menos estrés, y tendrás tiempo libre que te servirá para disfrutar de la calidad de vida que estabas buscando.

4 Analiza quién te da el consejo

Hay que observar la vida que lleva quien te quiere dar consejos financieros. Pregúntate ¿cuánto tiempo tiene viviendo aquí? ¿Cuánto trabaja? ¿En qué trabaja?

Debes observar con criterio, esto no quiere decir que el consejo venga con mala intención, solo que la persona no está dando el ejemplo ni está mostrando resultados en su día a día.

No nos dejemos impresionar por lujos ni derroches, precisa mejores ejemplos para seguir o pedir consejos.

Con esto no te digo que solo puedes recibir el consejo de una persona millonaria, porque tal vez esa persona también está atrapada en ese trabajo que paga bien, pero al momento de perderlo se verá en apuros.

Mi caso, que solo tengo 4 años en Estados Unidos, que para nada soy millonario, te cuento que solo con arduo trabajo, he podido salir de deudas en 2 años, y actualmente estoy en proceso de construcción de bases sólidas en la economía familiar, de este último punto iré dándote detalles a lo largo del libro.

5 Enfócate: logra tu estatus legal y en los pagos del proceso

Cuando llegas a EE.UU. y tu propósito es hacer vida en este país, se hace necesario que entiendas cuál es el estatus migratorio ideal para desenvolverte financieramente.

Puedo aclararte que siendo estudiante, turista o visitante, estas legal en el país, pero ese permiso no te permitirá trabajar, y sin permiso de trabajo, no podrás acceder a beneficios como el *credit score*, el registro bancario o el de seguro social.

Lo primero que debes entender es que cada proceso migratorio es diferente, pero que eso no te desanime, debes investigar para conocer qué hacer en tu caso personal.

Tener la residencia y legalizar tu estatus en el país no será económico, pero será una inversión necesaria y que debe prevalecer ante todo. Siempre será mejor tener residencia y estar legal, que tener un carro nuevo.

En el caso de quien emigra a EE.UU., existe un abecedario de opciones migratorias. Unas cuestan más que otras, algunas tardan menos, hay unas que te permiten trabajar durante el proceso, también están las más complejas, como aquellas que no te permiten salir del país, o las que recomiendan aplicar desde otro país.

Mi recomendación es que busques ayuda legal, allí es donde se invertirá la mayor cantidad de dinero, pero valdrá la pena, ellos conocen la legislación y pueden ayudarte a encontrar la estrategia ideal según sea tu caso.

Con el abogado, no corras a buscar el más costoso, el mejor no es el que cobra más caro, es quien te brinde confianza, sea honesto y te hable con claridad. Sentirte bien durante el proceso te brindará garantía de que todo va por el camino correcto.

La clave está en no quedarte atrás con esos procesos tan vitales, no pierdas tiempo, ni los pospongas mucho. Si de verdad tu intención es hacer vida en este país, al llegar no te tomes los 6 meses de estadía como turista para pasear o conocer, para eso habrá más tiempo, turistear no te lleva a ningún lado. Lo correcto es enfocarte y estudiar cuáles son tus opciones legales para aplicar.

Anécdota

En mi caso, yo llegué a EE.UU. con una visa de estudiantes, tenía cómo pagar un curso en una universidad, apliqué y me la aprobaron. Sin embargo, cuando mi esposa llegó a EE.UU. hice la solicitud para cambiar mi status. Nuestro proceso duró casi 2 años en terminar, fue un caso de talento especial deportivo.

La cuestión es que mi esposa es atleta de alto rendimiento en la modalidad de pesca submarina. Quizás no habías escuchado de esa modalidad, tranquilo, no eres el único, Martin, el abogado, tampoco lo conocía y estoy casi seguro de que el funcionario que recibió el caso tampoco.

Con esto quiero decirte que, si hay posibilidades solo debes concentrarte en buscar la mejor opción y la que se ajuste con precisión a tu perfil, historial y/o currículo.

Ahora, aquí es donde me debo poner firme con mi recomendación de cuidar tu ritmo de gasto, porque al final sabes cuándo comienza tu proceso migratorio, pero no sabrás con certeza cuándo terminará, por lo que debes cuidar que cuentes con el dinero necesario para llevarlo a término.

6 El *credit score* o puntaje de crédito.

Estados Unidos es una nación fundamentada en la cultura de la deuda, por eso no vas a encontrar un país donde el tema del puntaje de crédito, sea tan importante como aquí.

La historial crediticia es relevante en muchos procesos, pues refleja el comportamiento financiero de los individuos y sus probabilidades de que cancele la deuda adquirida, o por el contrario, quede mal.

> *"El puntaje de crédito es una calificación entre 300 y 850 puntos que se usa para determinar la probabilidad de que una persona pague una deuda dentro del plazo establecido"*

> **ThoughtCO**
> **Consultora americana de educación**

Por eso, si tienes pensado hipotecar, comprar un vehículo, adquirir un seguro, solicitar una tarjeta de crédito e incluso alquilar un inmueble, tu historial de deudas pesará para ser considerado apto o no.

Asunto curioso es que algunas compañías utilizan el *credit score* como un ítem en su perfil para contratar nuevos empleados.

¿Cómo funciona el *Credit Score*?

Este puntaje es la manera en que los bancos en EE.UU. definen tu perfil de riesgo (potencial de pago de la deuda). La calificación va desde 300 puntos hasta 850, dónde 300 representa a la persona de alto riesgo y 850 es asignada a la persona que tiene según su historial, la alta posibilidad de pagar su deuda.

El gran dilema es que para solicitar un crédito en EE.UU., los bancos piden tu puntaje, pero para obtenerlo tuviste que haber tenido un préstamo antes, algo confuso ¿no?

Hay varias empresas que hacen el cálculo de este puntaje, las principales son ***Transunion***, ***Equifax***, y se le suma ***Experian*** y para optar a él debes tener número de seguro social.

Sin embargo, existen instituciones que, sin residencia estadounidense, sin permiso y sin seguro social, te permiten acceder a préstamos, vehículos y a algunos servicios básicos.

También debes considerar, que los bancos tienen el llamado FICO Score, el cual es proporcionado por la empresa ***Fair Isaac Corporation***, este récord te da una idea del perfil que tienes en el banco, es una puntuación de riesgo crediticio, y varía según el banco, esto según las categorías que evalúen.

Categorías que consideran el *FICO Score* y el *Credit Score*

Sea para el *FICO* o el *Credit Score*, cada una de las agencias utilizan la misma información que las instituciones financieras proveen, sin embargo, consigues una calificación diferente, según el método que cada una de ellas emplea.

En el puntaje influyen cosas como:

A- ¿Cuántas solicitudes has tenido en 2 años?

Hay que tener cuidado cuando se solicita una tarjeta de crédito, porque esta solicitud quedará registrada en el sistema por dos años. También, cuando se solicita un crédito para vehículo, ya que el financista hará varias solicitudes y la compra de un solo carro puede generar múltiples solicitudes de crédito que quedan registrados en el perfil crediticio por dos años.

Yo cometí un error al intentar solicitar crédito para un vehículo y al final no lo compré. Luego, a los 4 meses volví y concreté; el resultado fueron 7 solicitudes de crédito por un solo vehículo. Recuerda que el financista envía solicitudes a diferentes bancos y al final te mostrará la mejor y más conveniente oferta para concretar la venta, así que cuando hagas una aplicación para un crédito debes estar seguro de que harás la compra.

Lo mejor es asegurar que el financista haga pocas solicitudes, pues menos solicitudes mostrarán un perfil más saludable.

B- Línea de crédito abierta

En este punto debes tener en cuenta: la cantidad de créditos vigentes, la edad de cada uno de ellos, los montos de la deuda, tipos de créditos, y cuántas solicitudes registraste en los últimos dos años. Todo lo anterior influye en el resultado final del *score*.

También evalúan la antigüedad de las tarjetas de crédito y se promedia según la cantidad de tarjetas (o cualquier otro tipo de créditos que tengas activos) que poseas.

Consejo: Si por alguna razón vas a devolver una tarjeta, que sea la que menos tiempo tiene contigo. Las de mayor antigüedad son las que te mantienen promedio de edad en verde o favorable para tu historial.

C- Porcentaje de deuda en las tarjetas de crédito con respecto al límite

No es bien visto que tengas una deuda por más del 30% de la línea de crédito del total de la suma de todas tus tarjetas, tampoco que gastes por encima del 30% de alguna tarjeta individual, pero estas afectan menos que con respecto al total.

Te lo explico con un ejemplo, tengo una tarjeta de 7 mil dólares y otra de 3 mil dólares, en total de línea de crédito suma 10 mil dólares. Si la de 3 mil de límite está hasta el tope con una utilización del 100% de la línea individual, estará evaluada en color rojo y en alerta. Sin embargo, del total de línea de crédito tu utilización es del 30%, así que estás en los límites considerados aceptables según el rango, la cuenta estará en color verde, pero sería mejor que ninguna tarjeta se pase del 30% del monto disponible, eso hará tu puntaje más fuerte y te pondrá unos puntos por arriba.

D- Strike de deudas

Esta categoría representa las veces que fallaste en las fechas de pago, o que hiciste un abono por menos de la cuota mínima. Estos factores aparecerán reflejados en tu puntaje y lo afectará de forma negativa.

Puntajes del *FICO* y *Credit score*

Posterior al estudio de cada una de estas categorías las agencias realizan el cálculo y asignan la calificación para el puntaje crediticio.

A continuación, te mostraré un estimado del puntaje esperado según el FICO y el *Credit score*, la segunda reúne el VentageScore publicado desde el 2006 por las empresas Equifax, Experian y TransUnion.

FICO	*Credit score* **Equifax, Experian y TransUnion**
Excepcional: 800 y superior Muy bueno: 740 a 799 Bueno: 670 a 739 Regular: 580 a 669 Deficiente: por debajo de 580	Superprime: 781-850 Prima: 661-780 Cerca de prime: 601-660 Subprime: 300-600

Mientras más alto el puntaje, la persona puede obtener beneficios de bajas tasas de interés, por el contrario, bajo puntaje significa una alta posibilidad de obtener tasas de intereses más elevadas.

Adicional a ello, te muestro una tabla proporcionada por la organización *Wallet Hub* donde indica el puntaje de crédito promedio entre diferentes grupos etarios.

Age Group	*Average Credit Score*
60+	749
50 – 59	706
40 – 49	684
30 – 39	673
20 – 29	662

Podemos ver que a menor edad, más bajo el puntaje, eso debido a que los jóvenes tienden a gastar más dinero y solicitar préstamos con mayor ligereza que una persona mayor. Este no es un factor que se pueda modificar fácilmente, lo mejor es tener un comportamiento honesto y responsable con los pagos y esperar que el tiempo transcurra.

Anécdota

¿Cuántas veces te dijeron compra un carro nuevo para que construyas historial de crédito? ¿Muchas? Bueno te comento que compré un carro usado al 18% de interés porque no tenía la documentación necesaria y todos me decían "con eso construyes el historial crediticio" y luego de recibir el número de seguro social dio como

resultado que esa solicitud de crédito nunca apareció en el historial. Así que en mi caso no funcionó, pudo ser que el banco era muy pequeño y no era una institución que reportara datos al FICO y no registró el crédito. No lo sé, es una posibilidad, pero ten cuidado con esto, vale destacar que aún sigo investigando el por qué no aparece ese crédito en mi historial ya que cada tarjeta y otro crédito sí aparecen desde su fecha de inicio.

7 Pequeños gastos te ahogan lentamente (gastos hormiga)

Gastos hormiga son aquellos que hacemos casi a diario pero que no consideramos su impacto en el presupuesto personal, por lo general, no son necesarios, pero si no los hacemos conscientes, al final del mes pueden llegar a sumar cientos de dólares.

¿Has escuchado la frase? son solo 20$ mensuales, o por 5$ más obtengo el doble de beneficios, bueno ten cuidado y revisa tus gastos hormiga porque suman mucho dinero que puede ser la diferencia entre cubrir todos los gastos o terminar el mes en negativo.

Revisemos esta lista de los gastos hormiga más comunes:
1. Televisión por cable
2. Netflix®, Disney+®, etc

3. Membresía del gym
4. Cuota del teléfono nuevo
5. Internet de alta velocidad
6. Amazon prime®
7. El café diario de Starbucks® o una soda en una tienda de conveniencia.

Aquí hay solo 7 ejemplos de los más comunes en el día a día y solo ellos te pueden representar entre 150 a 300$ al mes y créeme que puede ser mucho más.

¿De verdad necesitas esa velocidad de internet? ¿Veo todos los canales del paquete platino que estoy pagando? Recuerda que los gym ganan dinero gracias a la gente que no va a entrenar, ¿tú vas a entrenar? ¿Puedes hacerlo en un parque?

Te invito a buscar los gastos hormiga que están presentes en tu día a día, al identificarlos y quitarlos, quedarás sorprendido de la cantidad de dinero que puedes ahorrar al mes.

¿Cómo lo puedes hacer? Al principio revisando el estado de cuenta de cada tarjeta de crédito y débito y viendo en qué se gastó el dinero, lo tendrás que clasificar, y además evaluar. Si puedes vivir sin el café de Starbucks® y comenzar a prepararlo en casa ya estarías quitando un gasto hormiga de tu lista, y así con cada uno de esas fugas que logres identificar.

Si eres de la generación que escribe en papel, simplemente puedes hacer una nota física o digital de todo lo que compras al día por una semana. Luego, clasifícalos, así podrás separar qué gasto se hizo para responsabilidades del hogar o necesidades personales y cuáles fueron caprichos innecesarios.

8 Los gastos que no necesitas te harán trabajar más horas.

Mientras tus gastos mensuales sean más altos, tendrás que trabajar más horas para cubrirlos, por ejemplo, puedes estar invirtiendo tiempo trabajando por un TV súper moderno que no podrás disfrutar.

Hagamos un ejercicio a lo largo del libro, para redondear y estandarizar los montos, digamos que una hora de trabajo representa 10$. No es que haya un monto definido, esto puede variar según el oficio, quizás un mesonero puede ganar 8$ la hora, mientras que un asistente de mecánica o plomería, puede ganar 25$ la hora, nosotros para efecto del ejercicio, nos quedaremos en 10$.

Tengo una amiga que vive comprando cosas que no necesita, solo porque lo ve en oferta, cae en la trampa de las tiendas, que para hacer más atractivo el precio de los productos, recurren a técnicas milenarias de encarecer los precios y luego bajarlos al mismo costo en el que estaban antes, para hacerte creer que estás ganando.

Creemos el supuesto, si trabajo 12 horas al día y mi esposa también, ¿necesito 3 TV último modelo los cuales no podré disfrutar porque nunca estoy en casa? Que además me generan un gasto mensual porque seguramente los compré a crédito.

¿Recuerdas el gasto hormiga del que te hablé hace solo un ratito? Todos estos lujos, gustos y caprichos que compraste te están haciendo trabajar más cada día.

No solo de TV y electrodomésticos vive el hombre, por eso no debes ignorar los gastos correspondientes a comida y artículo de uso personal, que si son gastos de primera necesidad.

Cuando sumas, podrías empezar a recortar entre USD 400 y 500$ al mes, estos cálculos, pensando que en la hora de trabajo está en 10$. En este sentido, al hacer el recorte de gastos, esos 500$ representarían entre 40 o 50 horas menos de trabajo al mes, tiempo que fácilmente se traduce en dos días libres cada se semana para pasar más tiempo con tu pareja y familia, o para descansar. *(ver cuadro de gastos y ahorros)*

9 Es un trabajo en equipo, la familia debe estar bailando la misma canción.

En el hogar, tu pareja, hijos, mascotas, o demás acompañantes, deben estar en sintonía con el sacrificio momentáneo que están a punto de hacer, no se avanza si una persona trabaja horas extra y la otra compra unos zapatos sin necesitarlos. Así esta canoa no avanzará.

¿Cómo lograrlo sin encontrar rechazo? Pregúntales cómo pudiesen ellos reducir gastos, quizás saliendo menos con los amigos a planes costosos, evitando comprar cosas que no necesitan o pueden esperar, recuérdales que el sacrificio será por una etapa.

Hacerlos parte del plan, los motivará a contribuir de manera consciente al logro de las metas y objetivos financieros, debes hacerlos sentir que su participación es importante, que el propósito es común, y que tal esfuerzo de su parte, se puede traducir en bases sólidas y mejor calidad de vida más adelante.

10 La entrada de dinero extra o fácil no significa que deba gastarse.

Dinero extra o dinero fácil puede ser todo ingreso fuera de tu trabajo regular donde implique mayor ganancia por menor tiempo.

Te doy un ejemplo, yo soy taxista a tiempo completo ganando entre 10$ y 15$ la hora, pero, soy hábil con la carpintería y la madera en general, y alguna persona necesita armar un mueble, debo aprovechar esa oportunidad de producir dinero extra.

Dependiendo de lo que toque hacer, ese trabajo que seguro no me tome más que un par de horas, me va a representar unos 60$ u 80$, que no son para gastarse a la ligera, ese dinero debe ir destinado según prioridades, primero, al pago de deudas, si no hay deudas pendientes, lo usaremos para la creación de un fondo de emergencia o inversión, siempre en este mismo orden.

Estar endeudado, siempre hará que te sientas perseguido, robará tu paz y felicidad, por esa razón y por el bienestar de tu salud, todo el dinero extra que estés generando debe ser usado para salir pronto de las deudas que te mantienen en constante estrés y que te obligan a trabajar largas jornadas sin tener claro cuándo terminará este martirio.

Por eso te recuerdo que debes tener un control del dinero que estás gastando y del dinero que estás ganando para poder estructurar nuevamente tus patrones de gastos, saber cuáles deudas están pendientes, y verlas disminuir a medida que abonas.

CAPÍTULO II

Vi el problema

11 ¿Emigras con ahorros? ¡Cuídalos como si es lo único que tienes!

Al llegar a EE.UU., la mayoría se deslumbra por este país en el que parece fácil prosperar, todos tienen lo que está de moda, o parecen no estar pasándola mal.

De esa percepción de estabilidad y solvencia, salen los vendedores de humo, aquellos que te prometen prosperar sin esfuerzo, saben que los inmigrantes llegaron con ahorros de todo lo que vendieron y dejaron atrás y los invitan a participar de inversiones o negocios que parecen convertirte en millonario en menos de lo que canta un gallo.

Te cuento, para que veas que hasta al más astuto se le escapa la liebre.

Anécdota

Llegué a EE.UU. dispuesto a trabajar, después de todo lo que vendí en Venezuela, fue un número decente el que traje en forma de ahorro para vivir mientras me establecía.

Pero llegó un maestro de la oratoria a contarme sobre una oportunidad de negocio que prometía ser la idea millonaria que me haría enriquecer rápido, sin mayor esfuerzo, y caí.

La primera vez fue en un negocio en Colombia, yo solo sería el inversor, el conocido que estaba allá, prometía ponerlos a producir e ir devolviendo mi parte junto a las ganancias progresivamente, cosa que no pasó. Por momentos llegué a pensar que el que se supone era mi socio lo usó para pasear y hacer mercado, nunca vi un solo dólar.

La siguiente vez, puse el 100% de mis ahorros, tomé un préstamo bancario e invertí. Pero resulta que, por no hacer la investigación previa, compré un camión tráiler para trasladar casas rodantes y terminé perdiendo lo que tenía.

Si hubiese hecho el esfuerzo de conocer sobre los precios del mercado o el comportamiento del sector, cuánta rentabilidad daba en temporada de viaje y cuánto se perdía por los tiempos muertos, estoy seguro de que no lo hubiese hecho.

Al principio, se me dijo que, por lo regular, había traslados de entre 3 mil y 10 mil millas, pero al final te ofrecían viajes de 300 millas dos veces por semana y eso no daba para pagar el mantenimiento del camión, ni al chofer que lo manejaba, sin mencionar que las fábricas se iban de vacaciones y esos meses eran de pérdida.

Al final fueron cerca de USD 70.000 que perdí por confiar en la palabra de alguien e invertir en un negocio que no conocía.

Todo lo vivido no me dejó dinero, pero sí grandes aprendizajes. Primero, no inviertas en un negocio que no podrás controlar. Si es un negocio pequeño, esfuérzate por aprender cómo funciona el mercado para el sector en el que estás incursionando.

Los empleados jamás van a sentir el peso de la responsabilidad de pagar un crédito, producir y administrar los recursos de tu negocio con miras a recuperar lo invertido. Por eso, debes conocer del negocio e involucrarte para controlarlo.

De la experiencia por las casas rodantes rescato lo siguiente, no uses tus ahorros para invertirlos en un negocio desconocido, del que no conoces su comportamiento. Pues el no hacer la diligencia te puede costar todo lo que tienes.

Warren Buffet, considerado uno de los más grandes inversores del mundo y director de la tenedora de negocios Berkshire Hathaway, dijo alguna vez "Nunca invierta en negocios que usted no pueda entender", y cuánta razón tenía.

Mayormente las personas se lanzan a invertir en cosas que parecen estar de moda, se dejan llevar porque le han dicho "esto es rentable", "es lo que está produciendo ahorita", sin analizar o dedicarse a estudiar la trayectoria de quien le habla y del negocio que le ofrece.

El consejo acá es, no entregues tu dinero en inversión a cualquiera, sin antes analizar y estudiar el mercado en el que se desenvuelve el negocio para conocer las posibilidades de éxito.

Esto aplica para la bolsa, el negocio de comida de la esquina o cualquier otro.

Sé que toda inversión implica un poco de riesgo, pero si tomas una decisión con conocimiento, será una decisión consciente y no un salto al vacío, menos si ese salto involucra dar todos tus ahorros.

12 Se puede vivir mejor que el promedio de la población estadounidense

Según datos publicados por la consultora Magnify Money y Lendingtree, estos son los balances en los diferentes tipos de cuentas bancarias y de retiro que tiene la media de población americana.

1.	El saldo medio de la cuenta de ahorros de los hogares estadounidenses es $ 4,960

2.	El saldo medio de la cuenta de depósito del mercado monetario de los hogares estadounidenses es de $ 12,680
3.	El monto promedio de un hogar estadounidense en uno o más Certificados de Depósito es $ 25,280
4.	El tamaño medio de la cuenta de jubilación en los hogares estadounidenses es de $ 75,480
5.	El saldo promedio de la cuenta corriente de un hogar estadounidense es de $ 2,480

Magnify Money y Lendingtree

Si haciendo los ajustes que te he recomendado, tu caso supera a la media de la población ya tienes un paso adelante.

13 No te dejes llevar por los pocos ceros en la moneda

Yo en lo particular caí en una trampa de dejarme llevar por el valor absoluto de los precios y no el valor real.

Aquí en Estados Unidos, un par de zapatos, incluso un dispositivo para el hogar puede costar solo 10$, como la moneda en circulación tiene pocos ceros, se genera en ti falsa sensación de que el producto es económico.

Si no tomamos en cuenta que esos USD10, representa por lo mínimo una hora de trabajo, gastarás enormes sumas de dinero en corto tiempo con la justificación de que es accesible y te alcanza, además del no diagnosticar si realmente necesitas estos artículos.

Estos errores no solo ocurren con pequeñas cosas, suelen pasar casos en los que el ambiente, tus amigos o el entorno en general te presiona tomar decisiones financieras equivocadas.

Creer que necesitas un carro nuevo, cuando el que tienes cumple al 100%, te puede meter en una deuda innecesaria, cuando pudieses estar utilizando ese dinero para crear un fondo de retiro o inversión.

Carro, casa, muebles, pantallas, entre otros artículos, mejor tómalo con calma. Lo primero que debes hacer es determinar si realmente lo necesitas, si al comprarlo, será algo que no tendrás tiempo de disfrutar, no vale la pena adquirirlo.

Sin embargo, si es algo que se necesita con urgencia, debes asegurarte que pagarás el mejor precio según la relación costo y calidad. Con esto no te quiero decir que pagues por el más caro, o la mejor marca.

Por el contrario, el consejo apunta a que debes tomarte el tiempo de investigar lo siguiente ¿en dónde comprar?, ¿cuándo comprar? Si necesitas una TV nueva, un carro, un teléfono o una lavadora, debes determinar entonces ¿qué comprar primero?

Para que esto resulte, entonces debes hacer la diligencia, esto significa, visitar proveedores y tiendas por departamentos, revisar tiendas virtuales como Amazon®, evalúa todas tus opciones antes de dar el paso y hacer el gasto.

A esto se le llama hacer la compra inteligente, no te dejes llevar por las ofertas a simple vista, o por los promotores de las tiendas y negocios, ellos no son tus amigos, ganan por comisión y su único objetivo es que compres.

14 ¡Toma consciencia de tu situación! Adaptarse y corregir lo necesario ¡rápidamente!

Lo primero que debes hacer es una evaluación de qué estás haciendo, de cuánto estás gastando, mantener un control de todo, permitirá que no hagas gastos innecesarios. Luego, debes revisar dónde te encuentras en tu proceso migratorio, si estás en el lugar que más se adapta a tu estilo de vida.

Eventualmente, debes preguntarte si algunas de las decisiones que has tomado desde tu llegada a Estados Unidos han sido un error.

Existen altas posibilidades de que te equivoques y que te cueste dinero, lo bueno es que reflexiones pronto, reconozcas rápido el error y corrijas para no volver a caer.

Uno de mis errores fue el haberme endeudado con la compra de un carro, por suerte no fue nuevo, tenía solo un año de uso y ya se había depreciado un 50%. El error fue la deuda al 18% que adquirí. El vehículo ya tiene 5 años y aún lo conservo, ha tenido unas pocas reparaciones, solo gasto en el mantenimiento programado.

Su valor actual equivale a un 50% de lo que pagué originalmente. Es decir, la curva de depreciación se aplana y en 5 años solo se ha depreciado un 25% de su valor a la salida del concesionario.

15 Etapas de la migración

Desde mi experiencia puedo decirte que la migración tiene 3 etapas. Quizás para otros tendrá más o menos, sin embargo, te las cuento tal cual la viví.

- La primera: es la felicidad y euforia de llegar y sentirte que el paso está dado, que ya lo lograste tu meta de empezar a vivir el sueño americano. Es aquí cuando comienzan los gastos sin control, pues no escatimas en darte la vida que no pudiste en tu país de origen, sumado a la percepción errónea de que todo es económico. De esta etapa se sale rápido.

- La segunda: es indiscutiblemente la depresión. Ella se manifiesta de diferentes maneras, pues llega cuando sientes que no encajas, que no se han resuelto los problemas por los cuales migraste. Esto ocurre cuando los procesos migratorios empiezan a tardar, o el trabajo ideal no llega. Nada avanza tan rápido como creías. Incluso llegas a pensar que los problemas por los que migraste, estando allá tampoco se resuelven, pasas a extrañar tu país y la manera en cómo se hacían las cosas allá. El consejo para no permanecer en este momento es perseverar. Preocúpate por adaptarte a la forma de vida, la manera de hacer las cosas aquí, hazte un reseteo mental y deja atrás las costumbres de tu país; busca sumergirte más en la cultura del nuevo país que te acoge, ocúpate de aprender el idioma y las demás costumbres que faciliten la adaptación con el entorno. No se trata de perder identidad, es cambiar las estructuras mentales que tu país de origen formó en ti, porque necesitas insertar una nueva forma de vida.

- La tercera: por fácil que parezca decirlo, es la normalidad, donde sientes que ya estás en casa. En esta etapa te das cuenta que tomaste el camino correcto. Ahora tu única preocupación es ser feliz. Te das cuenta que llegaste a la etapa final porque estás mucho mejor que al comenzar. Cabe destacar, el flojo no llega a esta etapa, posiblemente hasta se devuelva a su país de origen en la etapa anterior.

Importante, estas tres etapas tienen duraciones diferentes en cada caso.

16 Evalúa mudarte a otro estado.

Cuando se emigra a EE.UU. lo ideal es preguntarte qué estado será el más conveniente para ti, para responder con precisión, es necesario que evalúes tus necesidades, objetivos y propósitos, tanto los tuyos, como los de tu familia.

Estados Unidos no es pequeño como otros países de Latinoamérica recuerda que son 50 estados, Florida, Illinois, New York y California no son los únicos. Entiendo que si tienes amistades en algún estado esa sería tu primera opción, pues esa persona te ayudará a establecerte por los primeros meses e incluso años.

Pero de verdad, ya pasado el tiempo prudencial debes hacer un diagnóstico y reflexionar ¿estoy bien financieramente dónde estoy? ¿El costo de la vivienda es aceptable? ¿es difícil mantener el nivel de vida que mi familia quiere o necesita?

Hay estados donde la vivienda es más económica y el ingreso *per cápita* es mayor así que sería una buena decisión mudarte al menos por un corto plazo. Generalmente el gasto en vivienda es el de mayor proporción en el presupuesto familiar, si al mudarte incluso dentro del mismo estado lo reduces en un 20%, ese dinero puede ayudarte al pago de las deudas que te hacen trabajar largas jornadas y que te mencioné anteriormente.

Ahora, te mostraré un gráfico que te hará entender esto con mayor claridad. Basados en datos proporcionados por los portales Century21® y Point2® analizaremos los precios de compra y renta de vivienda. Además, utilizaremos el portal Datomacros.com para determinar el ingreso percapita.

Ciudad/estado	Ingreso *per cápita*	Vivienda Compra/renta	Observaciones
Miami/Florida	43.052USD	Desde 340.000USD /1.600USD	El ingreso promedio, no se ajusta al nivel de vida
Memphis/Tennessee	46.952USD	Desde 98.000USD/ 780USD	Recomendado para personas con oficios, la tasa de desempleo pasa la media nacional
Rockford/Illinois	65.465USD	Desde 100.000/ 640USD	Aunque los costos de vida son bajos, los impuestos más elevados caen sobre los bienes inmuebles

Ciudad/ estado	Ingreso *per cápita*	Vivienda Compra/ renta	Observaciones
Cedar Rapids/ Iowa	63.265USD	Desde 119.000USD /555USD	Ventaja de ahorro, se pagan las facturas más bajas del país por concepto de servicios básicos
Tulsa/ Oklahoma	48.954USD	Desde 112.000USD /600USD	Tomar en cuenta temporada de tornados y tormentas
San Antonio /Texas	44.493USD	Desde 113.000USD /710USD	1 de cada 3 habitantes es hispano, facilidad para quienes tienen dificultades con el idioma

Considerar la idea de mudarse de estado es ideal para quienes tienen trabajos asociados a tecnología o que se pueden hacer de manera remota. También para aquellos que tienen un oficio que se ajusta al mercado económico de la ciudad. Por ejemplo, sabes de minería e hidrocarburos, no dudes en mudarte a una zona petrolera como Texas.

En mi caso, que me dedico al mundo de la ingeniería, las remodelaciones y la construcción, pudiese vivir en cualquier estado, porque es un negocio que se da en todos lados, solo sé que debo producir lo suficiente para poder sostener el nivel de vida que requiere cada ciudad.

Sin embargo, mi esposa y yo decidimos quedarnos en la Florida por distintas razones. Ella es atleta de alto rendimiento en apnea y pesca submarina, entonces su deporte, sumando el clima y la cercanía al mar son las razones más importantes que nos motivaron a quedarnos acá. Vivir en un lugar lejos del océano sería una tristeza para ella, todo sea por mantener su salud mental, como dicen por allí *Happy Wife, happy Life.*

Otro punto a considerar es que dentro de un mismo estado o ciudad existen posibilidades de ahorro, todo queda en investigar. El mismo procedimiento que hicimos anteriormente para conocer cuál estado es más asequible, puede hacerse para determinar qué zona de la ciudad puede traernos ahorro.

A continuación, haremos el ejercicio ajustado a mi caso que vivo en Coral Springs, y veremos cómo dos ciudades cercanas, pueden tener grandes diferencias en gastos y ahorros.

17 Mudanza estratégica dentro del mismo estado "Doral vs. Coral Springs"

Con respecto al estado de Florida que es donde actualmente vivo, hay ciudades con una diferencia de precio en los alquileres que puede llegar a duplicarse el precio de uno con respecto al otro.

Por ejemplo, en la ciudad de Doral puedes rentar por 1.500$ un apartamento de una sola habitación y un baño. Pero en comparación con la ciudad de Coral Springs con ese mismo precio puedes obtener un apartamento de 2 o 3 habitaciones y 2 baños.

Otro ejemplo similar ocurre al comparar la ciudad de Pembroke Pines con la ciudad de Hollywood (Miami), puedes obtener un ahorro de 500$ al mes en un alquiler de un apartamento de 1 habitación, 1 baño.

Estos dos ejemplos son casos reales de amigos que alquilaron y vivieron esta experiencia. Por eso reafirmo que dentro de una misma ciudad puedes conseguir ahorrar si haces la diligencia.

Investiga el costo de las viviendas en las diferentes ciudades, luego haz comparaciones y toma la mejor decisión. Esos 30 minutos extra de manejo, por mudarte a una zona más económica te pueden ahorrar 500$ al mes en el alquiler y este monto es un caso real.

Recapitulando, el ahorro que teníamos en los gastos hormiga, siendo conservadores, podrían ser entre 300$ y 500$ al mes, si a esto le sumamos lo del alquiler por mudarte a un lugar más económico, el ahorro mensual iría por 800$ a razón de 10$/hr.

Son 80 horas menos que debes de trabajar u 800$ más que puedes aportar cada mes a esas deudas que no terminan nunca, pero que de ahora en adelante haremos que se reduzcan significativamente mes a mes. El propósito final es que ese dinero sea parte del sobrante al final del mes. *(ver cuadro de gastos y ahorros)*

18 Comer en la calle vs. Cocinar todos los días vs. Cocinar para varios días

En este punto, habrá opiniones encontradas porque algunos piensan que es más económico comer en la calle que en casa, y es verdad, pero ¿qué tipo de comida es? ¿Comida rápida no saludable?

Si la respuesta es sí, entonces no estamos comparando peras con peras. Es verdad que puedes comer muy económico en cualquier restaurante de comida rápida, pero no es nada sano que lo hagas costumbre ya que tu salud se verá afectada en el corto plazo, y eso afectará tu desempeño para producir y vivir bien.

Hay quien cocina todos los días, en mi opinión, eso es una pérdida de energía, tanto en horas hombre que pasas en la cocina preparando todo y luego al final limpiando. El gasto de luz se incrementa en más o menos 30% y en algunos casos es mayor el incremento.

Luego tenemos el factor tiempo, si sumamos solo una hora al día cocinando, siendo este un número conservador, recuerda que la hora de trabajo representa 10$. Este tiempo representan 30 horas adicionales al mes que bien puedes tenerlas libres o puedes trabajar y producir unos 300$ adicionales.

Así que si quieres comenzar a reestructurar tus hábitos de cocina solo debes preparar más cantidad y con dos o tres platos diferentes a razón de dos días cada plato tendrías casi la semana entera lista con el almuerzo adelantado.

Por ejemplo, puedes hacer más cantidad de salsa para pasta, más cantidad de arroz, alguna carne guisada. Créeme que en esa hora u hora y media que pasabas preparando la comida del día harás unas 4 o 6 horas más de trabajo, serás más productivo para el trabajo y podrás utilizar el dinero ahorrado en el gasto de electricidad.

Otro beneficio de cocinar para varios días es que tienes la oportunidad de comprar en tiendas mayoristas a mejor precio y ahí encontrar un ahorro adicional. Te dejo un ejemplo, en solo jamón y queso que yo consumo en casa me ahorro un 50% con solo comprar paquetes de mayor tamaño.

19 Retirar dinero frecuentemente puede costarte más, planifícate

Ya el pago en efectivo no es muy común en EE.UU., puedes pagar cuentas de 1USD con tarjeta de crédito y débito sin problemas, pero si eres de los que hace retiro en un ATM® o cajero automático ten en cuenta de que algunos bancos te aplicarían tarifas adicionales por transacción así que planifica tus retiros.

En vez de retirar dinero en un cajero en cualquier tienda, que te cobra comisión de 5USD a 10USD por transacción, mejor dirígete al cajero de tu banco y evita ese recargo. *(ver cuadro de gastos y ahorros)*

Si por distancia el banco está retirado de ti, y debes quedarte con el cajero cercano de otra entidad financiera, mejor organízate para que hagas un retiro inteligente por lo que necesitas, y no a cada momento.

Resumen de ahorros por ajuste de gastos y pequeños cambios

Recapitulando el ahorro, 800$ ahorrados anteriormente de gastos hormiga y mudanza, más unos 300$ en tiempo de no cocinar todos los días, nos trae un subtotal de 1.100$. A esto se le puede sumar gastos ahorrados por evitar comprar cualquier cosa en la calle y llevar todo de la casa, una fruta, agua y otras golosinas compradas anteriormente

Si pensamos que antes de leer este libro no tenías en cuenta que podrías ahorrar tanto haciendo pequeños ajustes, aunque una mudanza no es uno precisamente pequeño, la idea es que te des cuenta de que es posible un cambio de dirección y una optimización en los gastos. *(ver cuadro de gastos y ahorros)*

CAPÍTULO III

Toma de acciones

20 No compres carro nuevo ni casa al llegar

Al llegar debes hacer una exploración, no a la manera del turista, sino como quien busca conocer primero la zona donde vivirá, las ciudades vecinas, en caso de conseguir trabajo, evaluar si necesitarás transporte o puedes ir caminando.

No te dejes llevar por los precios de las viviendas que te dijo tu amigo que vive en tal o cual ciudad, que ellos vivan en determinado lugar, no quiere decir que sea la más apropiada para ti y tus finanzas.

Esto aplica también a los vehículos, hay países donde una marca pierde menos valor que otra, o hay otras confiables que son económicas y el carro viene con mejores acabados y una mejor tecnología. Por ejemplo, Wolkswagen, en EE.UU., es un carro económico cuando se compara con otras marcas, y es tecnología alemana que siempre ha sido famosa por su alta calidad.

Con lo anterior quiero decirte, y no me cansaré de repetirlo, debes hacer una investigación antes de comprar carro o casa y ver qué es lo que más se ajusta a tu presupuesto.

Anécdota

Un trabajador que tenía en mi país, migró unos años antes que yo a EE.UU. debido a que su padre era ciudadano americano. Recuerdo que un día me contó que había comprado una camioneta Ford Explorer, igual a la camioneta que solía manejar el director de la construcción para la cual él y yo trabajábamos en Venezuela, y me dice, "ingeniero, ¿quién se iba a imaginar que yo me podría comprar un carro como el del jefe?" Cabe destacar que en Venezuela él no tenía carro; de hecho, una vez por semana lavaba el carro del "jefe".

Te cuento esto como reflexión porque esos sentimientos y ganas de triunfar rápido te tentarán a hacer gastos y a adquirir compromisos que te llevarán a una trampa. Si tu necesidad es trasladarte, comprar un carro que te lleva y te traiga bastará, a veces el ego y tus deseos se antepondrán a la necesidad y te llevarán a tomar malas decisiones.

Otro caso muy común es que te veas tentado a cambiar de carro porque te ofrecieron una mejor tasa de interés, resulta que el concesionario te va a comprar tu carro por debajo del valor de mercado y si tu deuda es mayor a ese monto, entonces te sumarán eso al nuevo préstamo, es decir, que este nuevo carro, a mejor tasa de interés, lo estarás comprando con la diferencia que aún quedaste debiendo del carro anterior.

Por eso quiero darte un consejo, cuando hagas la investigación, visita los concesionarios de autos de baja milla. Yo compré uno de mis carros allí. Comprar un carro nuevo no vale la pena, los vehículos pierden hasta el 60% de su valor en tres años

En este tipo de ventas de autos, el modelo es que lo compras o lo alquilas. Lo mejor es que si lo alquilas, lo pagas económico, pero no es tuyo, te lo prestan por tres años. Si pasado el tiempo, decides comprarlo, te lo venden al valor depreciado.

Hay personas que hacen su *lease* (alquiler) y después lo compran. O simplemente pasados los tres años, lo cambias por otro con las mismas características.

Como toda decisión debe ser revisada, en caso de que tengas una pequeña compañía, lo mejor es que tu contador evalúe si el carro por *lease* se puede poner como un gasto a la empresa, pues por compra, repercute como una inversión y afecta diferente en los impuestos y te tocará pagar más.

Anécdota

Mi carro es un Volkswagen Jetta del año 2015, lo compré con 24.000 millas en el 2016 a un 50% de su valor. Es decir compré un carro casi del año con solo unas

pocas millas de uso y fue a mitad de precio. Actualmente tiene 134.000 millas y el carro aún anda muy bien. El vehículo lleva 5 años de uso, en ese tiempo ha perdido el 50% del valor que pagué por él. Viendo estos datos y basado en mi experiencia, esta es mi recomendación, pues tengo la certeza suficiente de que la compra de un carro usado es la mejor opción.

21 Los vendedores de autos no son tus amigos

A menos que sea un familiar o amigo de la infancia, ten en cuenta que el vendedor gana comisión de los vehículos vendidos en el mes, y aunque parezca que estás obteniendo el mejor precio posible siempre habrá una mejor opción.

El vendedor está entrenado en ventas y si esa no es tu área de especialidad estás en desventaja, imagina por un momento que un médico pelea con un boxeador o el boxeador opera a un paciente, ya te podrás imaginar el desenlace de estos dos eventos.

Frente a un vendedor de autos si no vas preparado, llevas todas las de perder. La forma de minimizar las pérdidas en esta transacción es como siempre investigar, busca el mejor precio del auto que necesitas y no el carro que quieras, a muchos nos gustan los carros lujosos, en este caso ese sería el carro que quieres, pero no el que necesitas.

Debo reconocer que, aunque fui preparado para ir comprar mi auto y enfrentarme al vendedor, mi error en la compra no fue la elección del carro, pasó por creer en el mito de que hay que endeudarse para tener historial crediticio, al final pagué una tasa muy alta de interés pudiendo haberlo pagado de contado. Con el tiempo, pude solucionar lo del interés y terminé de pagarlo.

Más adelante, cuando hablaremos del uso de las tarjetas de crédito y de la estrategia 0% de interés, entenderás cómo lo hice.

22 ¡Carros usados! Ahorra 50%, aprovecha la depreciación sin arriesgar la calidad, si es híbrido mejor

Esta fue una decisión súper importante, la cual me duplicó los ingresos mensuales y solo aumentó el presupuesto 350$ al mes en promedio.

Cuando comenzamos a trabajar solo teníamos un carro y nuestro ingreso era limitado, éramos dos personas haciendo el trabajo diseñado para una sola persona. Desde el principio no era eficiente, pero con tantas deudas y un solo carro había que hacerlo.

Allí vino la consideración de hacer la compra de un segundo carro, usado por supuesto. Comencé a ver opciones, hice mi investigación, pues para nosotros la relación precio/valor/calidad era muy importante, al igual que el consumo de combustible.

En este proceso, me di cuenta de que un gran número de taxistas en Florida manejan el Toyota Prius. Este carro entra en la categoría de híbrido, que en pocas palabras significa que es eléctrico y de gasolina al mismo tiempo, es decir, a veces trabaja como carro eléctrico y en otras como carro convencional (de gasolina), según sea más conveniente.

Esta característica hace que su consumo sea la mitad, en comparación con el carro que ya teníamos. Cabe destacar que el que teníamos ya era económico en su consumo, pero debido a que nuestro trabajo era 100% haciendo repartos a domicilio, la cantidad de millas recorridas y el gasto de gasolina era bastante.

No debía pensar en una opción diferente al híbrido. Te explico porqué, un tanque de gasolina cada dos días representa unos 15 tanques al mes, para un total de 450$, lo que lleva a preguntarse ¿si tengo dos carros serían 900$? Sí, pero decidimos bajar un poco el ritmo de trabajo y trabajar unas 8 o 10 horas diarias para un total en consumo de 350$ por vehículo.

Entonces, debido a que compré finalmente el carro híbrido, con él pude ahorrar más del 50% en gasolina, esto se tradujo en un segundo salario de inmediato. Así que mi consumo total de dos vehículos ahora es de unos 550$, que en comparación serían 700$ si la compra hubiese sido de un carro convencional.

Solo pago por el carro nuevo unos 250$, el seguro es de 120$, en resumen, el carro cuesta 370$ al mes, pero me ahorra en comparación 150$ solo en gasolina. Ahí se puede ver cómo el tipo de carro que compres afecta positiva o negativamente tu presupuesto.

Si la compra hubiera sido de un carro similar al que tenía, el aumento en el presupuesto hubiera sido de unos 500$ mínimo, además, mientras más trabaje con el nuevo, más sería el ahorro en combustible versus el dinero producido. De igual manera, si solo lo quieres usar para pasear con la familia, igual te ahorrarías un 50% de dinero por el combustible que no pagas.

23 Aprende el idioma

No importa para dónde emigraste, lo que importa es que hagas un esfuerzo y aprendas el idioma y te familiarices con la cultura, eso es muy valorado por los nativos.

Mi amigo Carlos me cuenta que al principio él llegaba a los restaurantes y pedía la comida, pero que llegara como la quería, esa es otra historia. Por eso, si vienes a EE.UU. debes esforzarte por aprender inglés, no solo para recibir la comida tal y como la querías, sino para obtener otros beneficios.

¿Qué otros beneficios pudieses recibir? Un trabajo mejor pagado, cosa que te ayudaría mucho en las finanzas que tanto te he mencionado, si no cambias de trabajo, podrías obtener un aumento de sueldo. Si tu entorno se maneja en inglés y con este idioma se manejan todos los procesos, dominarlo te haría más efectivo, pues el trabajo lo harías más rápido.

Recuerda que eres tú quien debe esforzarse en aprender el idioma, no el que te escucha obligarse a aprender el tuyo. Otra cosa que me ha ayudado mucho es no pedir disculpas por no hablar inglés con fluidez. Aunque no lo creas, obtengo mejor resultado cuando le agradezco por su paciencia al que me escucha, de esa manera lo involucro más en ayudarme y no en presionarme con una mala cara o mala actitud ante mi deficiencia en el idioma.

24 Presupuesto mensual, a mano, computadora o App ¡Como quieras!

Debes saber cuánto es tu gasto mensual y cuánto ganas, no importa si lo escribes en una servilleta, en hojas de reciclaje o utilizas alguna app ultra moderna que descargaste en tu teléfono, no sabrás donde estás parado económicamente si no sabes en qué estás gastando el dinero y cuánto estás ganando.

Este quiero que sea el punto de partida, el momento en el que dices ¡¡¡¡AJAAAAA!!!! Donde tengas mayor control de tus finanzas, y puedas reconocer cosas como: "no sabía que gastaba tanto en tal o cual cosa".

Esto abrirá tu campo visual y verás todo más claro. Con este método, identificarás rápida y fácilmente cosas como, gasto esto en comida, esto se va en servicios, este otro monto lo gasto en gasolina y esto en alquiler, en poco tiempo verás oportunidades de ahorro. Te recomiendo que hagas unos 5 o

7 renglones principales donde tengas clasificados todos los gastos y luego con el tiempo podrás evaluarlos uno a uno.

No te asustes, porque esto es muy fácil, casi todos los gastos son constantes y muchos se mantienen sin variar mes a mes. Los gastos que si van a cambiar mensualmente son los de la comida y el combustible, por ello aquí te recomiendo que hagas un promedio de algunos meses para que tengas el valor más exacto posible.

El resto permanecerá casi igual mes a mes y solo podrás ver una variación en la electricidad en los meses de frío, si en tu caso tienes aire acondicionado, esto se debe a que en los meses fríos no lo enciendes, o lo haces poco, pero en época de verano, puedes pagar hasta un 80% más de que pagabas en invierno.

Otra variación puede ocurrir con el monto del alquiler al renovar el contrato o la tarifa del seguro del carro, luego todas esas cuotas mensuales de créditos permanecen iguales por un tiempo y quizás podrían cambiar una vez al año.

25 Fijar atención en presupuesto mensual, evita gastos innecesarios (contabilidad mental)

Considera la manera en que pensamos en el dinero, en la forma en cómo lo gastamos y lo que sentimos al hacerlo, por ejemplo, 10$ que ganamos trabajando una hora es más difícil de gastar que 10$ encontrados en la calle.

Con esto quiero recordarte que debes tener en cuenta siempre, cuántas veces estás comiendo en restaurantes o haciendo gastos extraordinarios durante la semana, de esta manera podrás detectar si estás manteniendo bajo control el gasto o se está saliendo de los parámetros. Vivir por debajo de las posibilidades es lo ideal.

No debe ser nada complicado, solo debes ver si estás comiendo 4 veces a la semana en restaurantes y tu presupuesto indica que solo puedes permitirte una comida fuera de casa a la semana. Saberlo hará la diferencia.

Con esta contabilidad mental quiero que veas ampliamente el gasto mensual y no solo que son 10$ en un helado, o es solo una soda diaria porque tengo sed, con esta soda diaria que pagarás unos 35 o 40$ mensuales podrías comprar unas 72 latas de la misma soda y tenerla en tu carro para tomarla al tener sed.

¿Notaste que no te recomendé no tomar esa soda diaria? Estamos hablando en términos financieros, con el ejemplo de la soda, puedes tener un margen del 50% de ahorro solo en el cambio de estrategia. Además, una soda podría considerarse dentro de los gastos hormiga, pero queda a tu criterio.

Aquí es válido el mismo ejercicio con agua mineral, una botella individual puede costar entre 1 a 1,5USD, pero si compras el paquete de 24, quizás pagas 4 USD y aumentar tu margen de ahorro.

En este momento quiero que mentalmente hagas el ejercicio de ver en qué se gasta el dinero diario, semanal o mensualmente, para que así tengas más conciencia del flujo de dinero, y verás cómo tú mismo harás un balance más consciente del gasto que viene o que ya pasó.

26 Método para el pago de tarjetas de crédito

Cuando se tiene deudas en las tarjetas de crédito y sentimos que es difícil de pagar, se debe a varias razones:

La primera, consumimos los gastos regulares como comida, servicios gasolina y cosas cotidianas con tarjeta de crédito y al final del mes no se paga completo la deuda de ese consumo y eso hace que no disminuya el saldo.

La segunda ocurre cuando se paga el saldo completo que se consumió en el mes, pero nada extra de la deuda que traes en cola, esto también hace que estemos siempre en desventaja, pues seguirá existiendo una deuda. La clave es pagar más del pago mínimo para que disminuya la deuda del mes, pero también la general.

Para evitar que esto ocurra y sientas que no es buena idea tener tarjetas de crédito, te cuento cuáles son los métodos que aplico para que los pongas en práctica.

A. Método avalancha

Tenemos dos métodos para salir de deudas en las tarjetas de crédito, el **método avalancha** que consiste en pagar la tarjeta con mayor interés y mayor saldo primero y a las demás solo abonar el pago mínimo, una vez saldada la deuda de la tarjeta de mayor interés y mayor saldo, pasas a pagar la tarjeta que sigue.

Empiezas a pagarle a la siguiente, el monto que le pagabas a la anterior donde saldaste la deuda, más el pago mínimo que ya abonabas. Este proceso lo aplicarás de manera progresiva con el resto de las tarjetas que tengas, según el orden de saldo e interés de mayor a menor.

De esta manera, pagando antes la tarjeta que tiene la mayor tasa de interés y el mayor saldo ahorraremos dinero en intereses.

Cabe destacar que antes de empezar a hacer los pagos, debes determinar cuál es la tarjeta que necesite mayor atención para no estar en riesgo ni desventaja.

Con la utilización de este método tenemos que ser muy disciplinados, apegarnos al plan y tener paciencia ya que no veremos resultados rápidamente y esto nos puede traer alguna desmotivación con el paso de los meses.

B. Método bola de nieve

La otra estrategia es el **método bola de nieve** que consiste en pagar la tarjeta con menor deuda primero sin importar la tasa de interés que tenga y a las demás tarjetas pagaremos el saldo mínimo.

Al pagar la primera, pasaremos a la segunda donde se abonará al igual que en el método de avalancha, pues pagaremos el mínimo que ya veníamos pagándole más el dinero que pagábamos en la tarjeta anterior donde acabas de saldar la deuda

La metodología de pago es la misma, lo que cambiamos es el orden de las tarjetas, que primero lo haremos de mayor a menor en lugar de menor a mayor, teniendo presente las consideraciones correspondientes, con respecto a saldo e intereses.

La ventaja que tenemos con el método bola de nieve, es que obtenemos victorias parciales más frecuentes, que con en el método avalancha. Estos pequeños logros tienen un componente psicológico, pues transforma esa pequeña victoria en un motivador, pues vemos que sí se puede salir de deudas y esto nos mantendrá entusiasmados a lo largo del proceso

C. Método 0% de interés

Esta técnica es muy común en Estados Unidos pues al solicitar una nueva tarjeta de crédito las instituciones financieras te ofrecerán tasas preferenciales por un período de 9 a 18 meses sin interés.

Entonces, cuando se compra la deuda de otra tarjeta de crédito de otro banco o la usas con los gastos regulares que hagas, te dará una ventaja enorme, ya que ahorrarás mucho dinero en intereses durante ese tiempo, pues solo pagarás la deuda y no generará ningún tipo de interés.

Algunos bancos ofrecen 0% de interés para las tarjetas que ya tienes con saldo cero, o incluso cuando necesitas pagar la deuda de otra tarjeta en otro banco. Es decir, el banco A te ayuda a comprar la deuda que tienes con el banco B. La estrategia del banco es quitarle un cliente al banco competidor, esto aplica en caso que uses esta estrategia para pagar la deuda que tienes en otro banco, al final el banco es el interesado que la uses para que te quedes con ellos.

La ventaja de tener una tarjeta con deuda cero, y que el banco refinancie tu tarjeta por 12 meses sin intereses, es que evitas solicitar una nueva tarjeta de crédito, porque estás usando una que ya tienes. Ya que solicitar una nueva tarjeta de crédito repercute negativamente en tu puntaje de crédito.

Anécdota

¿Cómo pagué 20k en deuda de TDC en un año y medio? La misión de pagar las tarjetas de crédito y salir de mis deudas comenzó cuando llegó el permiso de trabajo y finalmente comencé a laborar, en esta era tecnológica se puede conseguir trabajo casi de inmediato con aplicaciones como Uber, Lyft, DoorDash, Instacart y muchas otras similares, así fue que comencé.

Al activar la cuenta salimos mi esposa y yo en el único carro que teníamos para ese entonces, trabajábamos mínimo 12 horas diarias, 7 días a la semana, 30 días del mes, llevábamos con nosotros en el carro, agua, galletas, almuerzo y alguna fruta para pasar el día entero trabajando.

Tenía una deuda de 7.000USD en una tarjeta de crédito, 3.000USD en otra y 2.000USD en otra, todas ellas con intereses. Un día en el banco me ofrecen aplicar por otra tarjeta y acepté, fue aprobada por 22.000USD de límite, que hasta al día de hoy no entiendo cómo fue posible que fuera tan alto.

En fin, al llegar esa tarjeta pedí que este banco comprara la deuda de la tarjeta a la cual le debía los 7.000USD. No me fue posible comprar las otras deudas ya que las demás tarjetas eran del mismo banco donde me dieron la nueva tarjeta.

Para ese entonces, debía mi carro con un interés muy alto 18,62%, no olvidaré ese número, la deuda era alrededor de 8.000USD, enseguida llamé al banco y pregunté si podía pagar la deuda del carro con la tarjeta, para mi sorpresa, sí fue posible, gracias a que era una tarjeta nueva 0% de interés, cosa que me dio una ventaja. Paso siguiente: pagué el carro, entonces ahora tenía un carro pago, pero una deuda de 15.000USD sin intereses por un año.

En este punto al menos, las cuotas del carro irían 100% al capital, cosa que no ocurriría si no lo hubiese pagado con esta promoción, además, eliminé el seguro contra todo riesgo que ya no era obligatorio, por eso, todo el dinero extra mensual que generaba trabajando, más el que me ahorré de las cuotas que anteriormente eran para pagar el carro, lo usé para pagar la tarjeta con menor deuda, en este caso apliqué el método de la bola de nieve por razones obvias.

Mi mayor deuda era 0% interés y preferí sentir la motivación periódica que este método me brinda. Al pasar unos meses pagué los 5.000USD que debía en esas dos tarjetas y mi energía se centró en una sola tarjeta que no me presionaba con intereses.

Cuando comencé le dije a mi esposa "de ahora en adelante paguemos todo con tarjeta de débito, las tarjetas de crédito no se usan porque quiero ver la deuda bajar rápido". Solo dejaba el equivalente a un mes de mi presupuesto mensual en la cuenta del banco y el resto del dinero iba directo al pago de la deuda de tarjeta, recuerdo ver el monto bajar rápidamente, no había otra preocupación, porque las dos primeras tarjetas ya estaban pagadas.

Al llegar al mes 9 o 10 del proceso de pago, me llamaron del banco de las dos tarjetas que ya había pagado, me ofrecieron 0% de interés, por 12 meses, ¡lo acepté!, saqué ese dinero en efectivo, unos 9.000USD, para pagar la tarjeta de 0% de interés, porque estaba a punto de vencerse la oferta, y llegarían los intereses altos.

De esa manera volví a tener 12 meses sin intereses, en este punto solo me tomó 6 meses salir de esa nueva deuda para un total de 20.000USD pagados sin intereses durante un año y medio.

Con esto solo quiero demostrar que sí hay maneras de ahorrar dinero, sacar la mayor ventaja de las ofertas y las estrategias que se puedan aplicar para salir de deudas. Cada caso es diferente en cada familia y lo entiendo, pero sí se puede, de no haber tenido la opción de pagar la deuda con 0% de interés me hubiera tomado mucho más que un año y medio saldar la deuda.

27 Te debe sobrar dinero al final del mes

Matemáticamente no es posible pagar deudas si el ingreso es menor que el egreso, así que debes estructurar tu presupuesto de tal manera que sobre dinero al final del mes, bien sea reduciendo gastos y controlándolos, trabajando más horas diarias en tu mismo trabajo o en un trabajo paralelo, o la combinación de ambas cosas.

Esto depende de ti, pero algo que no es posible es que no sobre dinero al final del mes y pretendas salir de deudas. Con esos pequeños ajustes que te comenté hace algunas páginas, pude demostrarte que sí es posible ahorrar dinero durante el transcurso del mes. Prepara el presupuesto mensual, revisa los gastos hormiga, entiende cuáles son las diferentes opciones para ahorrar dinero mensualmente y aplícalas.

28 ¡Cero excusas para no trabajar! 30$ adicionales son 900$ al mes

Aquí solo quiero preguntarte ¿qué harías si al final del mes tienes 600$ adicionales o 900$? Estoy seguro de que mejoraría mucho todo, he hablado desde el principio con un ejemplo del precio por hora de trabajo de 10$ como punto de partida, pero si en tu caso ganas más que eso, tienes mayores oportunidades de salir de las deudas más rápido que otras personas.

Pero como ejemplo para este libro 10$ la hora servirá para visualizar lo poderoso que son unas horas extras de trabajo al día, y lo que representan al final del mes cuando lo haces con constancia.

Si crees que no tienes tiempo para trabajar más, organiza la agenda y tu día a día y verás que sí hay tiempo, solo debes tener 2 o 3 horas extras de trabajo al día y con eso lograrás un gran resultado al final del mes.

29 Sé selectivo al comprar. Lechuga cortada vs. Lechuga entera

Si eres de los que compras las bolsas de lechuga ya picadas y lista para la ensalada déjame decirte que te está costando 4 veces más que si compras la lechuga entera y picarla en casa. Esto es solo un ejemplo de las tantas cosas que puedes evaluar al momento de estructurar el presupuesto.

El sitio donde haces tus compras también influye, algunas cadenas de supermercado son más costosas que otras. Con esto no quiero decirte que si tienes que comprar solo pan, debas manejar 10 minutos para así ahorrarte 50 centavos en la compra, pero si vas a hacer un mercado mensual, puedes obtener un ahorro de 20 o 30$ dependiendo del establecimiento al que vayas.

30 Solicitar que bajen las tasas de interés de las TDC podría sorprenderte

Un día me di cuenta que teniendo 3 tarjetas de crédito del mismo banco, todas tenían tasas de interés diferentes, así que llamé para preguntar por qué. El tipo de cliente era el que dictaba el nivel de riesgo y para las tres tarjetas el cliente era el mismo, o sea yo, así que el banco estaba teniendo el mismo riesgo. Cuando me di cuenta de esto, hice una llamada que tomó casi una hora, pero logré bajarles a dos de las 3 tarjetas 5 y 6 puntos, pasé de 22% de interés a solo 16%.

Así que no dudes en llamar para pedir ese descuento, sobre todo si tienes algunos años como cliente del banco y tanto tú como la tarjeta tienen un historial en el sistema. Si tienes récord de mala paga, ni lo intentes.

31 Usa el débito mientras ejecutas el plan. Deja las TDC para gastos fijos

La idea es usar el débito y no el crédito, para que la deuda no aumente. Mientras pagas las deudas, no te comprometas con otra gran compra que las aumente, en el supuesto que debas usar la tarjeta de crédito, limita su uso para cosas cotidianas, cosas que debes comprar de cualquier manera, como comida, gasolina, gastos fijos, entre otros, eso sí, debes pagarlas de contado de inmediato.

Como te comenté anteriormente, mientras pagaba la deuda de tarjetas de crédito mis gastos cotidianos eran pagados con la tarjeta de débito porque tenía un efecto positivo ver la velocidad en que la deuda reducía mes a mes. Si tienes un buen manejo de las finanzas, puedes utilizar las tarjetas de crédito mientras pagas la deuda, pero esto será más difícil y a veces contraproducente.

Ver cómo se reduce tu deuda, te motivará a seguir trabajando por tus metas

Una vez pagada la deuda, puedes comenzar a sacarle provecho a los diferentes programas de recompensas que tienen los bancos, bien sea millas para viajar, puntos canjeables en tiendas seleccionadas o dinero en efectivo que se puede utilizar para abonar mes a mes a la misma tarjeta.

En lo personal he podido canjear 6 pasajes internacionales con la utilización de millas de recompensa, de los cuales 2 fueron a Europa en primera clase. Actualmente me encuentro acumulando puntos y millas para tomar vacaciones nuevamente sin pagar por el boleto aéreo.

Así que te recomiendo utilizar la tarjeta de crédito para los gastos de los cuales no te salvarás, como alimentos o los servicios básicos.

Adicionalmente a las utilidades de la tarjeta de crédito que te he contado hasta ahora, tenemos el beneficio de seguro contra fraude, este consiste en cubrir cualquier gasto no reconocido por el cliente, a causa de robo, extravío o clonación, además, de otros que pueda contemplar las cláusulas de uso que el banco haya impuesto

32 Presupuesta el 1% de la deuda como pago mínimo de las TDC

Usualmente, el pago mínimo de la tarjeta de crédito es del 1%, es muy importante que esté incluido en el presupuesto mensual, tarea que ya en este punto espero que tengas hecha.

Este monto con facilidad se puede pasar por alto, al no encontrarse en ningún estado de cuenta reflejado como un gasto. Cuando lo contemplamos en el presupuesto, esto hace que seamos más exactos y óptimos en el proceso del reacomodo de las finanzas y de los hábitos de gastos.

A medida que pagas la deuda ese monto disminuye y verás que el avance es cada vez más rápido, en mi caso el pago mínimo representaba un 7% del total del presupuesto mensual, yo quería salir de la deuda lo antes posible. Luego de haber pagado la deuda tenía un 7% de dinero extra mes a mes.

Por ejemplo, una tarjeta con un interés de 16% y con un saldo de 4k de deuda tiene un pago mínimo de 40$ al mes y un cargo por concepto de interés mensual que variara según el monto que te financies y de tus gastos el mes siguiente.

Te lo explico mejor con un ejemplo, gasté con la tarjeta de crédito 100$, al cabo de 30 días, ese monto tuvo un interés de 4,68$, casi un 5% de la deuda, esto debido a que mi gasto promedio del mes siguiente fue de casi 300$. Este es un fenómeno que los bancos no nos cuentan.

La idea de los bancos es que te financies deudas o gastos y no pagues antes de que se venza el mes, para que al mes siguiente según el promedio de gasto de tu tarjeta los intereses aumenten.

Es decir, si te financias 1$ y al mes siguiente gastas 5000$ te empujan intereses por todo, pero si pagas ese dólar antes del plazo de corte de la tarjeta, los 5000$ no generarán intereses adicionales

33 Economiza usando artefactos modernos

Si ya compraste casa, cambiar el tipo de iluminación y los artefactos eléctricos tendrá un impacto favorable en el consumo eléctrico, con esto no te estoy recomendando que cambies todo al mismo tiempo porque será súper costoso, pero puedes hacer un plan e ir priorizando los cambios, comenzando por el que más electricidad consuma, como el A/C o por el que sea más económico como los bombillos LED.

En mi casa de 3 habitaciones y 2 baños, he pagado hasta 75$ al mes de electricidad y cuando comparo con los vecinos, mi consumo es un 40% menos de lo que ellos gastan. Esto se debe a una sumatoria de cosas.

Por un lado tengo iluminación LED, calentador electrónico, que solo enciende cuando se demanda el agua caliente, electrodomésticos modernos que ayudan con el rendimiento de consumo, y un termostato programable para el A/C, durante el día no hay nadie en casa y no hace falta que esté muy fría durante ese tiempo. Por otro lado, aplico lo de cocinar para varios días para así no utilizar la cocina diariamente.

Como puedes ver, la suma de diferentes comportamientos, más el cambio inteligente de algunos artefactos, ha hecho que ahorremos en la facturación eléctrica. Te puedo contar que, en mi caso, comparado con mi vecina obtengo un ahorro de más de 100$ por mes, monto que representa 1.200$ extras al año para saldar deudas, ¿Lo ves?

El único artefacto que no he cambiado es el sistema de A/C que aún funciona aceptablemente. El consumo no es el mejor pero no es vergonzoso. Sé que a corto plazo es un cambio que debo hacer, pero debido a la manera en que el actual sistema está instalado, saldrá más costoso de lo normal el reemplazo y por ello lo vengo posponiendo mes a mes, hasta que llegue el punto de no retorno.

34 Evalúa tu plan de internet, cable, teléfono, ¿los puedes bajar?, ¿eliminar? O ¿cambiarte de compañía?

En los Estados Unidos hay diferentes empresas proveedoras de servicios de internet, cable y teléfono. Podemos estudiar las tarifas que ofrece cada una, las ventajas y desventajas, para así tomar la mejor decisión, nuevamente quiero ser enfático en esto, investiga qué compañía te ofrece el mejor servicio en relación calidad/precio, es decir, haz la diligencia.

Ten cuidado con ofertas introductorias, que parecen ser muy buenas, pero solo son tarifas por un período de tiempo y luego viene el aumento.

En mi caso ocurrió con el servicio de internet, el aumento fue de un 40% luego de un año, y por supuesto llame a reclamar y que mejor reconsideraran ese aumento o de lo contrario tendría que cambiar de compañía. Ellos accedieron y bajaron a una nueva oferta que solo aumentó la tarifa 3$ más mensuales de lo que venía pagando, que a mi parecer parecía justa debido a la inflación que existe.

Otro punto para evaluar, aunque parezca algo tonto es la velocidad del plan de internet, ¿es más de lo necesario? entonces corrígelo. De nada sirve tener el plan más rápido, si solo lo usas para lo normal, como comunicarte, ver tv o escuchar música. Caso contrario si es tu herramienta de trabajo, allí la consideración sería otra.

35 Evaluación de diferentes compañías de seguro

Al igual que el caso anterior con respecto a los proveedores de internet, lo mismo pasa con las aseguradoras para el vehículo. Por ejemplo, con una llamada telefónica conseguí ahorrar unos 50$ al mes más, en el seguro de mis 2 carros, al igual que el ejemplo anterior hubo un ahorro que representa unos 600$ anuales. Aunque parezca una obsesión financiera, no es así, todo ahorro debe ser considerado porque te hará trabajar menos horas y por ende, más tiempo para tu descanso y disfrute familiar.

36 Abro y evalúo todo el correo para saber qué me interesa y qué no

Semanalmente llegan a mi buzón de correo ofertas de préstamos, tarjetas de crédito o pólizas de seguro para vehículos, yo las leo todas para hacerme del conocimiento de cuál sería una oferta buena o cuál representa una mala oferta que no aceptaría nunca.

Esta práctica hace que, si alguien me comenta de las tasas de interés que obtuvo en algún préstamo, yo pueda reconocer si es buena o mala, y sepa qué banco o institución tiene mejores planes o servicios, información que no dominaría, si por el contrario desecho todas las cartas y correspondencia que recibo, tanto en físico como por e-mail.

CAPÍTULO IV

Ajustando detalles para obtener la recompensa

37 Estimando el gasto diario, semanal y mensual de nuestro estilo de vida

Una vez determinado el presupuesto familiar y aplicado todos estos tips que te pueden ayudar a gastar menos en cosas que no necesitas, divídelo entre 30 días, ¿por qué 30 días y no 22? Porque gastas dinero los 30 días del mes, incluso cuando estás acostado, gastas electricidad, agua, mantenimiento de la casa, carro y seguro, además de la comida que consumes en días que no estás produciendo.

Una vez que tengamos ese monto diario, sabremos cuánto nos cuesta nuestro estilo de vida cada día, así que ese es el dinero que debemos producir sin importar lo que pase. Tener claro el costo de vida nos ayuda a saber si cumpliste los requerimientos o aún no.

Luego, si quieres saber cuál es límite de gastos que puedes tener semanalmente, multiplicas tu mínimo diario por 7 días, esto te ayuda a ver a mayor escala donde estás parado según el día de la semana.

Por ejemplo, cuando yo comencé con esta estructura solo necesitaba 90$ al día para cumplir mi estilo de vida, hoy aumentó a 120$ debido a la inflación y al segundo carro que compré y alguno que otro gasto extra que me permito ya que estoy un poco más relajado con las horas de trabajo, entonces 120$ multiplicado por 7 días son 840$ que al final de la semana debo tener.

Al tener claro el monto diario y el semanal que necesito para vivir cubierto, ya tengo en cuenta si debo trabajar más cada día, en el caso de que tenga un gasto adicional, como algún cumpleaños al que atender o debido a que me sentí un poco enfermo ese día.

Estos números te indican durante todo el mes en qué posición te encuentras. Además, te permitirá establecer metas de producción, al tener claro cuál es el gasto, sabes cuánto es el mínimo que debes producir para estar solvente.

Esta meta mensual te ayuda a ver un resumen y compararlo con el presupuesto que elaboraste. En este chequeo mensual que no toma más de 10 minutos podrás ver si estás por arriba o por debajo en alguno de los renglones.

Otro ejemplo que puedo contarte, es que yo he llegado a gastar en electricidad como mínimo 30USD mensuales en los meses de invierno y 85USD en los meses de verano, sin embargo, como yo estipulé en mi presupuesto un promedio de 70USD al mes, estoy cubierto siempre y no es necesario que cambie mes a mes el monto del presupuesto.

Estas estimaciones no aplican solo en la producción del dinero, también pueden ser en el pago de deuda. Puedes proponerte metas como, en 3 meses me propongo a pagar la tarjeta de tal o cual banco; en 1 año debo salir de la deuda del carro, y cuantas deudas puedan saldar, según tu capacidad de producción.

Sé que algunos se preguntarán cómo es posible que 120$ sean suficientes para mi presupuesto diario. En mi caso somos dos personas sin hijos, y aplicando un poco de ahorro aquí y allá, nuestros gastos mensuales se mantienen bajos.

Sin embargo, si tienes hijos y vives en una zona más costosa, tu monto diario fácilmente puede pasar los 150$ diarios, digo fácilmente porque ya hice el cálculo con una pareja sin hijos que vivía en una zona más costosa y mantiene un vehículo nuevo, esos dos factores solamente sin tener en cuenta ningún hijo en la familia, lo hacían gastar más de 150$ al día.

Otro punto importante tiene que ver con incluir en el presupuesto el pago por concepto de *taxes* ya que si bien existen algunos deducibles como número de hijos y otros más, debes tomar el monto referencial de tu última declaración de impuestos y dividirla entre 12 meses para poder estimar cuál es la influencia mensual de este punto en tu planificación.

38 Chequeos periódicos de ingresos y egresos el presupuesto mensual

Mes a mes hago una evaluación de mis ingresos y egresos. Sin entrar en mucho detalle, solo utilizando números redondos.

Con esto detecto rápidamente si debo ajustar mis metas diarias o aún estoy entre el rango estipulado en mi presupuesto. Mi primer presupuesto mensual fue de 2.700$ que comprendía un solo vehículo luego con el segundo vehículo y ajuste por inflación que ha subido un par de veces hasta llegar a casi 3300$. Si no detectas estas variaciones a tiempo, tu estabilidad financiera puede cambiar.

39 Recompensarte una vez a la semana

Para este punto quiero que tomes un día a la semana y tengas una recompensa, puede ser un simple helado en algún sitio de comida rápida, o alguna cena en un restaurante.

Al principio yo comencé con ese helado de 2USD una vez por semana, a medida que mis metas de saldar deudas se cumplían y me sentía más holgado financieramente, tomaba un premio mayor.

Debido a que mi mayor fuente de ingreso provenía de las entregas a domicilio de restaurantes y supermercados, pude conocer sitios que agregué a una lista de premios que hice junto a mi esposa. Desde una simple pizzería o restaurante de comida hindú, hasta la compra de algún regalo de una tienda donde entregué algún pedido un día cualquiera.

Estas recompensas no solo se deben enfocar en comer fuera o en cosas materiales. Una reunión familiar o tomar un día libre, porque sé que la meta semanal está cumplida ya hace varios días, también cuenta como una recompensa.

Solo trabajo nunca es bueno, el esparcimiento y la relajación nos dan una mayor energía y empuje para la siguiente semana.

Construcción de bases

Gracias a las decisiones que he tomado junto a mi familia, y a la aplicación de cada una de las recomendaciones que a lo largo de este libro te he contado, en la actualidad me encuentro en una nueva etapa de mi vida, en la que ya pasé del ahorro extremo, a una estabilidad financiera ideal para pasar a la fase de inversión.

El siguiente capítulo, es un adelanto de lo que quiero contarte en mi próximo libro, en esta oportunidad, es solo un abreboca de lo que puedes lograr aplicando los consejos que en este libro te he mencionado.

40 Cada dólar es un soldado y tú eres el comandante

Una vez pagadas las deudas tóxicas que te hacían trabajar largas jornadas, ahora tendrás un excedente de dinero que debes poner en algún lugar para sacarle provecho.

Basado en la metáfora de que el dinero debe trabajar para ti y no tú para el dinero, cada dólar representa un trabajador que debe rendir cuentas, cuando regrese fortalecido y multiplicado.

Recuerda el consejo de no invertir en algo que no conoces o en algo en el que no tienes el control. Cada vez que he hecho algo así, bien sea que he invertido en un negocio que no conozco o en uno que conozco, pero no tengo control, he perdido dinero o me han quitado dinero.

Ya en 2020, existen muchas formas tanto de proteger tu patrimonio, como de invertir para multiplicarlo, desde incursionar en la bolsa de valores, fondos de inversión, ser prestamista, bienes raíces y otras según tus posibilidades. Mas adelante te contaré algunas que aplico y que han resultado rentables para mí.

Cada 10USD que recibamos de alguna inversión en un negocio, o del alquiler de alguna propiedad, es una hora menos que debemos trabajar. Así que envía la mayor cantidad de soldados a trabajar por ti, eso acelerará el proceso para dejar de trabajar en algo que no te gusta, y pasar a hacer algo que sí te gusta. Ten en cuenta que una inversión puede que no sea remunerada como quisieras al principio.

41 Comprar una propiedad puede ser muy buena opción

La excusa de muchos que aconsejan nunca comprar una vivienda, es porque consideran que alquilando se están ahorrando el mantenimiento de la propiedad y no tienen que lidiar con eso.

Lo que no se dan cuenta es que el mantenimiento ya lo están pagando por adelantado, así como la hipoteca y los impuestos. Por otro lado, le estás dejando ganancias a otra persona, solo por querer ahorrar el arduo trabajo de una llamada telefónica a algún técnico, plomero o electricista que repare algo dañado en casa. Señores la misma llamada que se le hace al dueño de la propiedad o a la compañía que la administra para notificar algún desperfecto, la puedes hacer directamente a algún técnico.

Por eso, yo hice mi plan y compré una vivienda, ahora pago unos 500$ menos que si estuviese pagando un alquiler a un tercero. Desde que vivo aquí, solo he llamado al técnico de A/C un par de veces. Así que en mi casa no he tenido nada del estrés que hablan las personas que no recomiendan la compra de una propiedad.

Además, por mi trabajo tengo la experiencia de ayudar con el mantenimiento de muchas propiedades de rentas, puedo decir que casi ninguna propiedad ha dado dolores de cabeza, así que ese estrés de lidiar con el mantenimiento es un mito.

42 Escoge bien tu compra. Gastos de alquiler vs. Hipoteca

Al igual que con la compra del vehículo, hay que tener mucho cuidado con la compra de una vivienda, no es lo mismo la casa que me gusta, a la casa que puedo pagar, hay mucha diferencia entre las dos.

Generalmente, cuando aplicamos a un crédito hipotecario obtenemos una preaprobación por un monto bastante elevado, a veces más de lo esperado. En muchos casos, el banco nos hace buscar una propiedad de ese monto, dando como resultado la compra de una propiedad que realmente no necesitamos, porque podría ser más grande de lo requerido o con un terreno grande que tampoco podríamos aprovechar en estos momentos.

Toma en cuenta el lugar donde vives actualmente, si donde estás viviendo alquilado actualmente te sientes cómodo, en cuanto al tamaño y la distribución, ese es el tipo de propiedad que debes buscar, eso hará que al final pagues menos y reduzcas algunos cientos de dólares en tu presupuesto mensual.

Si crees que puedes vivir en alguna casa más pequeña y pagar aún menos pues mejor, o si encuentro una casa en una zona mejor y pagaré lo mismo que pagaba en alquiler maravilloso, ya que mejoraste en la vivienda sin consecuencias en tu presupuesto mensual.

Claro que hay mil combinaciones y estrategias posibles, en cuanto a la zona tipo de vivienda, tamaño, si es nueva o usada, pero debes ser muy analítico en cuanto a cuáles son las características de la vivienda que necesitas y cuánto te costará si te mudas a esta o aquella zona.

En mi caso, vivo en un apartamento de 3 habitaciones y 2 baños, en un primer piso, allí puedo tener acceso a jardín en la parte trasera de la torre, donde a menudo hago comida al grill, casi se siente como una casa, pero es más económica, esta me cuesta al mes 1.250$, y considero que está bien, porque estoy pagando por algo que es mío, ya que decidí comprarla, en comparación con amigos que pagan 1.500$ por una sola habitación y un baño y además están alquilados dándoles beneficios a un tercero.

Actualmente, estoy en la investigación para comprar una posible casa, con las mismas características que el apartamento, pero que cuente con un pequeño garaje, esto me ayudará a dos cosas, tener acceso a la instalación de paneles solares y a la recarga de un carro eléctrico. De poder concretarlo, eso permitirá bajar los gastos de combustible y de la electricidad, creo que ese será mi próximo paso, pero aún está en estudio.

Mi meta es no gastar más de lo que gasto actualmente en vivienda, para así poder alquilar el apartamento donde actualmente vivo y que este se pague solo y me dé algo de ganancia extra al mes, que se traduce en menos horas obligatorias que al final de mes debo trabajar.

43 ¿Quieres más tiempo libre? Haz tu plan a corto, mediano y largo plazo

En este punto, ya debes saber de memoria tus gastos mensuales y el ahorro debe fluir de forma natural, porque ya pagaste esas deudas que te tenían preso en dos o tres trabajos.

Teniendo en cuenta el monto de dinero que me sobra mensualmente con el trabajo actual, me fijo una meta a corto plazo. Como, por ejemplo, las que te menciono a continuación:

Metas a corto plazo
1. Trabajaré de lunes a viernes solamente,
2. Ahorraré un monto tal en un año,

Metas a mediano plazo
3. Compraré una propiedad de inversión, que podré alquilar,
4. En 5 años podré trabajar medio tiempo y enfocarme en otras cosas que me gustan, como carpintería, pintura, algún deporte acuático, entre otras.

Metas a largo plazo (entre 10 y 15 años)
5. Quiero dejar de trabajar,
6. Quiero irme a viajar por el mundo,

Todo esto es posible, siempre y cuando mantengamos nuestros gastos mensuales bajos. Yo no tengo jefes en mi trabajo, casi no trabajo los fines de semana y mi jornada de trabajo rara vez pasa de 8 horas. Todo esto es gracias a que mis gastos son bajos, revisar constantemente el flujo de dinero y tomar correctivos a tiempo.

44 Define tu fondo de emergencia según tu tolerancia al riesgo. Las TDC como soporte

Te expongo el siguiente supuesto, se presenta una emergencia en casa y no tengo suficiente débito para responder, entonces ¿Qué haría? Yo utilizaría la TDC para solventar la situación, luego cuando alguna inversión se liquide, pago la deuda, y si tengo una tarjeta a 0% de interés a disposición, mucho mejor.

Siempre hay imprevistos que atender, bien sea una pérdida de empleo, alguna enfermedad o alguna reparación en casa o el carro, para esto debemos estar preparados y que esto no nos haga perder el equilibrio financiero que tanto nos ha costado tener. Más bien, tener control de nuestras finanzas nos hará enfrentar estos eventos con más frialdad y paz mental y así podemos tomar mejores decisiones.

Hay quienes aconsejan tener de 3 a 6 meses de gastos guardados para imprevistos, otros dicen que un año. Yo creo que mientras tengas uno o dos meses como fondo de emergencia, y el resto del dinero en inversiones que puedas liquidar en un momento de imprevistos, saldrás bien parado. Matemáticamente es mejor, pero psicológicamente no tanto, así que evalúa qué opción es la mejor para tu caso, dependiendo de tu tolerancia al riesgo.

Ese dinero estaría invertido y solo se utilizaría en momentos de emergencias, mientras tanto si no ocurre algo inesperado está produciendo una rentabilidad mayor a lo que te pagaría un banco por tener tu dinero guardado, que en algunos casos hasta tendrías que pagarle al banco para que lo guarde.

Otra manera de atender un imprevisto sería con la utilización de una tarjeta de crédito de esas que te comenté anteriormente que pueden tener tasas de 0% de interés por un período de 12, 15, o 18 meses y así como una vez saliste de deudas lo puedes hacer de nuevo.

Anécdota

Hace días mi teléfono, que estaba completamente funcional, dejó de actualizar las aplicaciones que uso para hacer delivery. Es decir, me obligó a cambiar de teléfono, después de 6 años con el mismo equipo y sin haber presentado ninguna falla. Aquí entra un tema de obsolescencia tecnológica en el que no vamos a profundizar.

Solo quiero contarte que por tener un fondo de emergencia, pude tomar de inmediato la decisión de comprar un teléfono nuevo, al final es mi herramienta de trabajo, y no podía quedarme sin el dispositivo.

Además de eso, el consejo con el que he sido más reiterativo, el de hacer la investigación, me permitió encontrar una oferta en la que me aceptaban mi antiguo teléfono en forma de pago por un poco más de la tercera parte del costo del nuevo.

Al final terminé cambiándome de compañía, conservé mi numero y obtuve un equipo moderno. Lo úni-

co que no logré hacer fue pagarlo de contado, la oferta solo permitía llevarlo a crédito y pagarlo en 36 meses. Sin embargo, con el descuento que me dieron por entregar mi antiguo móvil, hizo que las cuotas pasaran de 28$ al mes, a solo 11$. Lo importante a resaltar, no fue que me dejé llevar por mi posibilidad de comprar un teléfono nuevo con mi fondo de emergencia, sino que hice la investigación y obtuve algo mejor de lo esperado.

45 Inversión sin estrés: Haciendo bases sólidas

Sin querer ser un asesor financiero, ni un gurú vendedor de humo, con cosas como "hágase rico gratis en 3 simples pasos", solo te digo que inviertas ese dinero excedente de cada mes en instrumentos financieros, aquellos que históricamente dejan un retorno mayor que una cuenta de plazo fijo en un banco, siempre educándote y aprendiendo el cómo funcionan estas cosas, que ahora con la tecnología están al alcance de todos desde nuestros teléfonos.

Una propiedad para rentar es una buena inversión, ya que te permite obtener un ingreso pasivo, en algunos casos aportando poco o nada de dinero. Si lo haces correctamente, podría ser una propiedad libre de impuestos, esto con la utilización de diferentes estrategias que existen en la ley.

Aplicaciones como Acorn, Folionet, Robinhood, Webull, entre otras, nos dan acceso a invertir en la bolsa de valores, y tienen diferentes métodos de ahorros, como depósitos automáticos y recurrentes, y la opción del redondeo de gasto.

Este redondeo es una herramienta poderosa, ya que, al sincronizar las tarjetas de crédito, cada gasto que hagas es redondeado al entero superior y al final del mes ese monto total es retirado de tu cuenta e invertido, eso te da un ahorro aproximado de 20$ mensuales, de los cuales no te darás cuenta. Es muy importante que hagas tu propia investigación y te eduques, porque es muy fácil perder dinero, en este mundo existen diferentes niveles de riesgo y tú debes entender cuál es el tuyo.

Otro tipo de inversión que existe en EE.UU. es la app Prosper, esta es una empresa que presta dinero totalmente *online*, tú puedes crear una cuenta como prestamista o prestatario. Prestamista es quien presta dinero y prestatario es quien recibe el dinero prestado con diferentes condiciones.

Yo utilizo Prosper como prestamista, me parece muy buena, ya que con un mínimo de 25$ podemos escoger el nivel de riesgo y prestarlo a alguna persona que esté solicitando el dinero. El lado no tan bueno, es que ese dinero no está disponible para retirar porque fue prestado a una persona que lo solicitó, el único dinero que puedes utilizar, es el dinero de los pagos mensuales que tú decides si prestarlo nuevamente o retirarlo.

Te aconsejo que solo utilices dinero que no necesites o que te puedas permitir perder, yo en un año he podido invertir 1.500$ de los cuales he recibido en intereses unos 120$ y he retirado unos 100$. Esto me ha dado el conocimiento necesario del funcionamiento de esta app. Te invito a que la pruebes, yo en particular voy a aportar a esta cuenta con el fin de financiar alguna mensualidad que quiera adquirir correspondiente a algún lujo o *hobbie* quiera comenzar, porque no todo en la vida es trabajo, pero si estos pasatiempos no me cuestan nada de dinero mensual pues aún mejor.

En estas inversiones actúa un factor súper poderoso que se llama el interés compuesto, que no es más que la inversión de las ganancias que dieron esas inversiones, es decir, el interés sobre el interés, allí están esos soldados reclutando más soldados que trabajarán para ti.

La compra de oro o plata como resguardo del valor del dinero ha sido muy común por décadas. Estos metales suelen incrementar su valor durante el tiempo y más rápidamente durante alguna época de crisis, así que te invito a que una parte de ese dinero ahorrado mes a mes sea convertido en metal precioso. Actualmente tengo una barra de plata de 5oz y una de oro de 10 gr para un total de 900$ habiendo pagado por ellas 90$ y 620$ respectivamente. Si te interesa la compra de estos metales preciosos, te invito a entrar en sdbullion.com que es la página que utilizo.

46 Diversificación

Aquí te invito a evaluar diferentes alternativas de inversión e intenta aplicar al menos 3. Ya que no es muy bueno tener todos los huevos en una misma canasta, porque cuando la canasta es llevada por otra persona algo podría salir mal y perderíamos dinero. Por ejemplo, cuando una propiedad está alquilada, si el inquilino no paga perderíamos dinero mensualmente.

Otro caso, invertiste tu dinero en una acción en la bolsa y bajó de precio, o el préstamo que le hice a una persona no lo pudo pagar. En mi caso tengo 40 clientes en la aplicación Prosper, a los cuales les he prestado dinero, así que si uno no me paga el préstamo mi % de retorno no se verá muy afectado. También utilizo aplicaciones como Folionet y Robinhood, para comprar acciones en empresa que me generen dividendos mensuales donde estos van desde un 3% hasta 7%.

Por último, para el próximo año estaré aplicando para un préstamo para una propiedad de inversión, para completar mi diversificación y luego hacer crecer cada una de ellas.

47 Recuerda que no es una carrera de 100 metros, esto es un maratón

Esto no se trata de hacerte rico en una semana, como ya te comenté, esto es un plan para crear una base sólida, donde no debas trabajar largas jornadas para cumplir tus necesidades básicas, o donde no tengas ese estrés constante de no poder pagar tus compromisos. Al final del mes, aunque estés constantemente cansado y sin ánimos, tampoco quiero que sientas que la decisión de migrar fue errada, o que es súper dura y no la vas a poder superar.

48 Un hombre construye una casa en 365 días, pero no es posible que 365 hombres hagan la casa en un día

Con esta frase me refiero a que hay cosas que, por más energía que pongamos, toman tiempo. Una de las cosas que debes tener en cuenta en todo este proceso es que el edificio se construye desde las bases, no desde el techo, así que te invito a que mantengas la disciplina y el método de ahorro y te garantizo que verás resultados en un par de años.

Te darás cuenta que estás ganando dinero extra sin salir a trabajar y sin hacer prácticamente nada extraordinario, es ahí cuando tomarás la decisión de trabajar menos para tener más tiempo libre o seguirás trabajando arduamente para poder dejar de hacerlo más temprano y poder decir que no necesitas trabajar para vivir.